प्रमार्थम्

# OrangeBooks Publication

1st Floor, Rajhans Arcade, Mall Road, Kohka, Bhilai, Chhattisgarh 490020

Website: **www.orangebooks.in**

### © Copyright, 2024, Author

All rights reserved. No part of this book may be reproduced, stored in a retrieval system, or transmitted, in any form by any means, electronic, mechanical, magnetic, optical, chemical, manual, photocopying, recording or otherwise, without the prior written consent of its writer.

**First Edition, 2024**

**ISBN:** 978-93-5621-778-2

# प्रमार्थम्

## अमलेन्दु शेखर

**OrangeBooks Publication**
www.orangebooks.in

# समर्पण

सर्वदा प्रोत्साहित करने वाले, विश्वास तथा अद्भुत स्नेह रखने वाले पिता - स्वर्गीय श्री बसंत प्रसाद सिन्हा (बच्चू दा) और स्नेहशीला माता - श्रीमती बिमला सिन्हा के श्री चरणों में सादर समर्पित।

# पुरोवाक्

**यही है कामना...**

भारतीय ज्ञान-परम्परा में विमुक्ति हेतु ज्ञान का विशिष्ट स्थान एवं महत्त्व होते हुए भी अनेकशः यह स्पष्ट रूप से भासित होता चलता है कि, ज्ञान का यह मार्ग, कर्म को अपना आधार बनाते हुए भी वस्तुतः भक्ति-मार्ग पर ही आश्रित रहता है। इसका कारण श्री लोकमान्य बालगंगाधर तिलक जी के अद्भुत ग्रन्थ **'श्रीमद्भगवद्गीतारहस्य' (हिन्दी अनुवाद)** में उद्धृत सन्त तुकाराम जी के वचन में निहारा जा सकता है –

**चतुराई चेतना सभी चूल्हे में जावें,**
**बस मेरा मन एक ईश-चरणाश्रय पावे।**
**आग लगे आचार-विचारों के उपचय में,**
**उस विभु का विश्वास सदा दृढ़ रहे हृदय में॥**

साहित्य में भक्ति के अनेक रूप और अनेक स्तर दृष्टिगत होते हैं। इस सन्दर्भ में **नारदभक्तिसूत्र** का विशिष्ट स्थान है। तदनुसार, साररूप में, ईश्वर के प्रति प्रेम ही भक्ति है – **सा त्वस्मिन् परमप्रेमरूपा।** भक्ति में खोया व्यक्ति शनैः शनैः विभिन्न सांसारिक क्रियाओं में कर्त्तव्य भावना में संलग्न होते

हुए भी अन्य कामनाओं से विमुक्त होने की कामना करने लगता है । अपने सभी कर्मों को भी ईश्वर के प्रति समर्पित करने लगता है । उसके लिए सृष्टि के कण-कण में ईश्वर ही समाया हुआ है –

### ईशावास्यमिदं सर्वं यत्किञ्च जगत्यां जगत् । (ईशोपनिषद्)

भक्त, ईश्वर को एक क्षण के लिए भी विस्मृत नहीं करना चाहता । यह शरणागत के भाव को अपने में समाहित किए रहता है । यह कहा जा सकता है कि, **भक्ति ईश्वर की खोज है।** श्रीमद्भगवद्गीता में भक्ति के 'आर्त, अर्थार्थी, जिज्ञासु तथा ज्ञानी' इन चार रूपों की चर्चा की गई है –

### चतुर्विधा भजन्ते मां जनाः सुकृतिनोऽर्जुन ।
### आर्तो जिज्ञासुरर्थार्थी ज्ञानी च भारतर्षभ ॥
### (श्रीमद्भगवद्गीता, ७.१६)

श्री अमलेन्दु शेखर की इस कृति को मैं इसी के आलोक में देख रहा हूँ । श्री अमलेन्दु की रचनात्मकता को मैंने उसके अध्ययनकाल में ही अनुभूत किया था । अतः यह अत्यन्त सुखद तथ्य है कि श्री अमलेन्दु ने, विलम्ब से ही सही परन्तु, इस विश्वास को बनाए रखा है । श्री अमलेन्दु की क्षमताएँ अद्भुत हैं । यह कृति इसका प्रमाण सिद्ध होगी । २८ भजन रूपी पुष्पमाला से अलङ्कृत इस भजनावली को श्री अमलेन्दु का ईश्वर के प्रति आत्मनिवेदन कहूँ तो अतिशयोक्ति न होगी । भक्त के रूप में अपने ईश के प्रति पूर्ण समर्पित होने के साथ-साथ कहे जाने वाले अनेक उद्गारों से परिपूर्ण है, परन्तु वह निरभिमानी होकर कहता है –

मन भावसिक्त है किंतु प्रभो! उद्गार नहीं।

मैं पुष्प तुम्हारे चरणों पर, शृङ्गार नहीं॥

उलाहना भी है, प्रेम भी है पर आक्रोश भरा –

चितचोर! तुम्हारा छल भी सिर-आँखों मेरे।

क्यों तुम्हें मेरा पापी मन है स्वीकार नहीं॥

चिर-ज्वाला से है दग्ध मेरी वाणी माधव!

क्या दंड का मेरे जीवन में परिहार नहीं॥

श्री अमलेन्दु जी की संस्कृत में रचनाओं को देख व पढ़कर मैं भावविह्वल हो गर्वानंदित हूँ। संस्कृतबद्ध रचनाएँ विषयानुकूल स्तुतिपरक हैं। यह तथ्य श्री अमलेन्दु की बौद्धिक प्रखरता को उद्घाटित करता है। संस्कृत छन्दों हेतु प्रदत्त हिन्दी में भावानुवाद की भाषा गौरवमयी भाषा है। यह सुखद तथ्य है कि इन छन्दों का हिन्दी अनुवाद उन्होंने स्वयं किया है। ये स्तुतियाँ जहाँ आत्मसमर्पण के भाव को अभिव्यक्त करती हैं, वहीं **'मैं अपने-आप को आपके प्रति समर्पित करने योग्य बना सकूँ'**, इस भाव को भी अभिव्यञ्जित करती हैं। इनमें प्रयुक्त पदावली सरस, सरल एवं भावानुकूल है।

हिन्दी में व्यक्त भावाञ्जलि रूपी पँखुड़ियाँ आत्मनिवेदन करती हैं, शरणागत होना चाहती हैं, प्रीत की सुधि ले प्रीत में ही पैठना चाहती हैं, विश्वस्त होना चाहती हैं, शरणागत होना चाहती हैं, द्वेषमुक्त हो प्रेम बरसाना चाहती हैं, विनती करना चाहती हैं, खाटू वाले श्याम के साथ खेलना

चाहती हैं, कृष्ण की बाल-लीला में आकण्ठ डूब जाना चाहती हैं, बाल कृष्ण को अपनी आँखों में समाहित कर लेना चाहती हैं, यमुना किनारे क्रीडा में रत हो जाना चाहती हैं, कन्हैया से लुका-छिप्पी करना चाहती हैं, लोरी सुनना व सुनाना चाहती हैं, कृष्ण को सुकुमार कहने वाली माँ यशोदा को उलाहना देना चाहती हैं, कन्हैया को 'कारो-कारो' कहते हुए भी उस पर रीझ जाना चाहती हैं, उसे रिझाना चाहती हैं, कृष्ण से सुनना चाहती हैं कि 'तोरे बिन जिया नहीं लागे', राधा-बावरी को कुछ सुनाना चाहती हैं, प्रीत का 'साँचा' धागा बुनना चाहती हैं, श्याम की बाँसुरी-पुकार को लेकर राधा को उलाहना देना चाहती हैं, व्रज में होली खेलना चाहती हैं, राधा-कृष्ण के बोल बोलना चाहती हैं, नन्द ग्राम के गीतों का सुर-ताल बनना चाहती हैं, रासमय होना चाहती हैं।

भक्त की अन्ततः इच्छा क्या है! श्री अमलेन्दु जी के ही शब्दों में –

**भक्ति-भाव की औषध दो माँ ! करो एक उपकार ॥**

भक्त श्री अमलेन्दु की इच्छा मुरारी सुनें, इस कामना के साथ

**चान्दकिरणः**

## दो शब्द

यह पुस्तक श्रीराधाकृष्ण के नए भक्ति-गीतों को प्रस्तुत करने का एक प्रयास है, जिसमें संस्कृत और हिंदी के साथ-साथ ब्रज, अवधी तथा अन्य स्थानीय भाषाओं के शब्दों का भावानुकूल प्रयोग करने का प्रयास कवि द्वारा किया गया है।

यह संग्रह न केवल एक साहित्यिक कृति है, बल्कि एक आध्यात्मिक यात्रा भी है, जिसमें प्रत्येक गीत भक्ति-रस की सरिता में स्नान कराता है।

पुस्तक-प्रकाशन के क्षेत्र में साहित्यकार का यह प्रथम प्रयास ही है तदापि, सुधि-जन इन गीतों को पढ़कर भक्ति-भाव के आनंद का अनुभव करेंगे, ऐसी आशा है।

जय श्रीराधेकृष्ण !

अमलेन्दु शेखरः

# आभार

जिन्होंने शुभ विचारों से मेरे मन को पवित्र किया और वाणी तथा लेखनी को ऐसा समर्थ बनाया कि मैं कोमल-पदों से उनका गुणगान कर सकूँ, ऐसे परमदयालु श्रीराधावल्लभ का आभार व्यक्त करना सूर्य को दीप-दर्शन कराने जैसा है।

मेरी जिह्वा एवं यह निर्झरिणी सदैव अपने समस्त गुरुजनों का यशोगान करती रहे, जिन्होंने ज्ञान-दान तथा मार्गदर्शन से मेरे जीवन को उपकृत किया। मन, वचन तथा लेखनी में वाग्मिता के ध्वन्यात्मक-प्रसार हेतु मैं उन गुरुजनों का जीवन-पर्यंत ऋणी हूँ।

भजनों का यह संकलन तैयार होने में जिन्होंने पांडुलिपि के टंकण तथा त्रुटि-शोधन के कार्य में अपना अमूल्य समय तथा परिश्रम देकर मुझे अत्यधिक सहयोग दिया, उन स्नेहीजनों का आभार व्यक्त करने के लिए शब्द मैं कहाँ से लाऊँ।

मेरी कविताओं के संकलन का प्रकाशन हो, इसके लिए मेरे छात्र-छात्राओं ने भी मुझे बहुत प्रोत्साहित किया, जिनके प्रति मैं कृतज्ञ हूँ।

रचना-कर्म के अनंतर सबसे अधिक धैर्य मेरे पुत्र ओजस्वी (बाहु) को दिखाना पड़ा, क्योंकि लेखन के समय व्यस्त रहने के कारण मैंने उसकी पढ़ाई-लिखाई, खेल-कूद और मेरे साथ घूमने के बाल-सुलभ आग्रह को कई बार उपेक्षित किया। फिर भी उसने हँसते हुए इस उपेक्षा को सहा, जिसके लिए मैं उसका ऋणी हूँ।

# भजन-अनुक्रम

| | | |
|---|---|---|
| समर्पण | ............................. | vi |
| पुरोवाक् | ............................ | vii |
| दो शब्द | ............................. | xi |
| आभार | ............................. | xii |
| 1. | मङ्गलाचरणम् ..................... | 1 |
| 2. | गुरुपद-प्रक्षालनम् ................. | 4 |
| 3. | श्रीवैद्यनाथ-स्तुतिः ................ | 7 |
| 4. | श्रीहरि-वन्दना .................... | 11 |
| 5. | श्रीकृष्णार्चनम् .................... | 18 |
| 6. | श्रीराधावल्लभ-स्तुतिः ............. | 21 |
| 7. | प्रथम-प्रणति .................... | 24 |
| 8. | आत्म-निवेदन ................... | 26 |
| 9. | प्रीत की सुधि .................. | 28 |
| 10. | तेरे दरस को आए ............... | 30 |
| 11. | मोरी बिनती ................... | 32 |
| 12. | मेरे खाटू वाले श्याम ............. | 34 |

| | | |
|---|---|---|
| **13.** | श्रीकृष्ण बाल-लीला | 37 |
| **14.** | प्रातश्चर्या | 47 |
| **15.** | दिवसचर्या | 49 |
| **16.** | सान्ध्यचर्या | 52 |
| **17.** | लल्ला की लोरी | 55 |
| **18.** | मइया तेरो लाल | 57 |
| **19.** | कन्हैया कारो-कारो | 60 |
| **20.** | राधा कौ साँवरो | 62 |
| **21.** | ए री सखी | 64 |
| **22.** | श्यामा-बावरी ( प्रतीक्षा-गीत ) | 66 |
| **23.** | प्रीत का धागा (प्रतीक्षा-समाप्ति गीत) | 68 |
| **24.** | तेरी बंसी पुकारे श्याम | 70 |
| **25.** | ब्रज में होली | 73 |
| **26.** | राधा-कृष्ण-हरि बोल | 76 |
| **27.** | गोविन्द-प्रसंग | 78 |
| **28.** | श्यामा-परिहास को | 80 |

# 卐 मङ्गलाचरणम् 卐

ॐ पितरौ सकलजगन्मत्वा परिक्रम्य कृतहर्षितौ ।

बुद्धिरूपं श्रीगणेशं तं प्रणमामि प्रथमोऽहम् ॥१॥

छित्वैकदन्तेन सर्वविघ्नान् सन्ति ये ।

सर्वबाधाविनिर्मुक्तं मुक्तिमार्गं करोतु मे ॥२॥

मृदुवाणीविस्ताराय मधुपदानि ग्रहणाय च ।

विचारान् व्यवस्थीकर्त्तुं वक्रतुण्डं नमाम्यहम् ॥३॥

मनसि मन्त्रप्रकाशाय वचसोद्घाटनाय च ।

कर्मयूपे प्रयोगाय भजामि गणनायकम् ॥४॥

उमासुत ! शिवनन्दन ! गजानन ! हे देव !

श्रीराधाकृष्णभजनाय विनयं मे वचनं कुरु ॥५॥

# मङ्गलाचरणम्: हिंदी-भावार्थ

## श्लोक [ १ ] :-

माता-पिता (पार्वती-शंकर) को ही संपूर्ण ब्रह्मांड मानकर, उनकी परिक्रमा करके उन्हें प्रसन्न करने वाले जो साक्षात् बुद्धि-स्वरूप भगवान् श्रीगणेश हैं, उनको मैं सर्वप्रथम प्रणाम करता हूँ।

## श्लोक [ २ ] :-

हे एकदंत ! (भगवान् गणेश) मेरी मुक्ति के मार्ग में जो भी बाधाएँ हैं, आप उन समस्त समस्याओं को अपने एक दाँत से काटकर मेरी मुक्ति के मार्ग को सभी विघ्नों से मुक्त करें ! ऐसा मैं आपसे निवेदन करता हूँ।

## श्लोक [ ३ ] :-

मन में अव्यवस्थित रूप से उत्पन्न होने वाले विचारों को व्यवस्थित करने के लिए, उन विचारों में हितकारी-मधुर शब्दों को समाहित करने के लिए तथा वाणी में उनके प्रकट होते समय विनम्रता के प्रसार के लिए, मैं उन वक्रतुंड भगवान् श्रीगणेश को नमन करता हूँ।

## श्लोक [ ४ ] :-

मन में मंत्रों (श्रेष्ठ विचारों) के प्रकाशन के लिए, वाणी से उन विचारों (के अनुरूप वचनों) के उद्गार के लिए तथा (जगत् में) कर्मरूपी यज्ञ में उनके नियमित आचरण के लिए, मैं गणनायक-श्रीगणेश को भजता हूँ।

## श्लोक [ ५ ] :-

हे उमासुत ! हे शिवनन्दन ! हे गजानन ! हे देव ! (मैं कटुवादी हूँ अतएव) तुम मेरी वाणी को विनम्र करो जिससे, मैं श्रीराधा-कृष्ण का भजन कर सकूँ।

# गुरुपद-प्रक्षालनम्

चन्द्रकिरणसमसलुजगुरुः शीतलवचनविचारौ।
श्रद्धावान्नमाम्यहं साधयामि संसारौ ॥१॥

गुरुपदकमलं हृदयसरः गुरुमुखकरुणापुञ्जम्।
गुरुर्कृपा गङ्गोदकं नश्यति सर्वप्रपञ्चम् ॥२॥

मम मुखतमस् अधममनस् पतनदिशि गतिमान्।
इच्छामि तव नित्यकृपां गुरुसद्रूप! महान् ॥३॥

गुरुश्रद्धेव सरित्सुधा जपामि नामाऽनन्तम्।
गुरुकृपया सम्भवति गतिरात्मनः भगवन्तम् ॥४॥

भक्तिमार्गे प्रवेशाय लेखनाय निजग्रन्थम्।
याचे श्रीगुरुमाज्ञार्थं मे प्रकाशयतु पन्थम् ॥५॥

## गुरुपद-प्रक्षालनम्: हिंदी-भावार्थ

### श्लोक [ १ ] :-

गुरुदेव (श्री सलूजा सर) चंद्रमा की शीतल किरणों जैसे विचार और वाणी वाले हैं । श्रीगुरु के प्रति श्रद्धावान् मैं, उनको नमन करता हुआ दोनों लोकों को साधता हूँ ।

### श्लोक [ २ ] :-

श्रीगुरु के चरण कमलवत् पावन हैं, उनका हृदय ज्ञान-सरोवर है, गुरु का मुख साक्षात् करुणा-पुंज है और गुरु की कृपा गंगा जैसी पावनमयी है, जो सभी माया-प्रपंचों को समाप्त कर सत् ज्ञान को उद्घाटित करती है ।

### श्लोक [ ३ ] :-

मेरा मुख मलिन है और मन अधम है, जो पतन की ओर गतिशील है । अतः हे सत् स्वरूप महागुरु ! मैं तुम्हारी नित्य कृपा का अभिलाषी हूँ, जिससे मेरा सर्वविध-मंगल हो ।

### श्लोक [ ४ ] :-

श्रीगुरु के प्रति श्रद्धा अमृत-सरिता जैसी है, गुरु-कृपा से ही आत्म की परमात्मा की ओर गति संभव हो पाती है । अतः मैं श्रीगुरु के नाम का निरंतर जाप करता हूँ ।

## श्लोक [ ५ ] :-

भक्ति-मार्ग में प्रवेश करने के लिए और तत्संबंधी अपनी प्रथम पुस्तक के लेखन हेतु मैं श्रीगुरु की आज्ञा के लिए याचना करता हूँ कि, वे मेरा मार्ग प्रकाशित करें।

# श्रीवैद्यनाथ-स्तुतिः

श्रीवैद्यनाथस्य कृपाभीष्टा नवछन्दगीतं रचितं तदैव ।
मद्भन्नपतितः जानाति देव ! तदापि शम्भो ! मा स्वीकरोतु ॥१॥

श्रीवासुकीधामेशस्य पूजा शेषास्ति देवं तं पूजनाय ।
आज्ञानुग्रहकृपादीन् लब्धुमभिलाषितोऽस्म्यल्पज्ञशिष्यः ॥२॥

अपराधबोधैर्ज्वलितोऽस्मि वर्षैर्धुनेयम्मम दशा-प्रदोषा ।
दुराग्रहः वासनादिसर्वन्नक्तन्दिनम्मां विपरिग्रहन्ते ॥३॥

वाचन्न कर्म न विचारमालां न देहीदेहौ न मनो न बुद्धिम् ।
सर्वयभागाः पतिताः भ्रष्टाः कुतः प्रभो ! तव कृपा प्रलब्धा ॥४॥

मयि चन्दनमप्यग्निर्समानम्मयि नीरधारापि विद्युद्समाना ।
गङ्गाधरौषधीशेश तव स्नेहपात्रन्नभवाम्यहं किम् ॥५॥

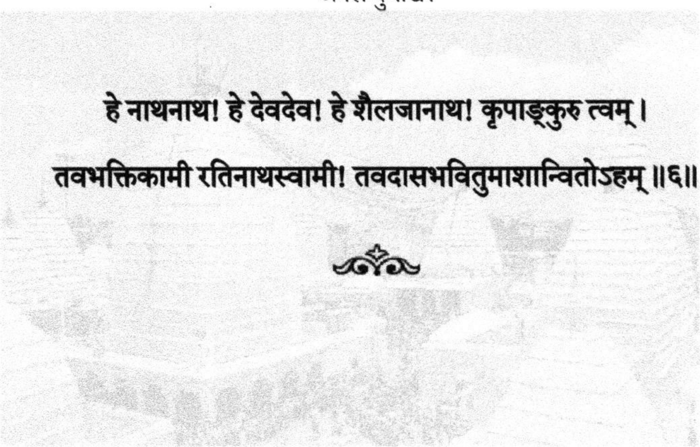

हे नाथनाथ! हे देवदेव! हे शैलजानाथ! कृपाङ्कुरु त्वम्।
तवभक्तिकामी रतिनाथस्वामी! तवदासभवितुमाशान्वितोऽहम् ॥६॥

## श्रीवैद्यनाथ-स्तुतिः हिंदी-भावार्थ

### श्लोक [ १ ] :-

श्रीवैद्यनाथ-महादेव की कृपा मुझको अभीष्ट है, तभी इस नवीन छन्द-गीत की रचना हुई है। हे देवाधिदेव ! आप तो जानते ही हैं कि, मुझ जैसा पतित कोई अन्य नहीं है। फिर भी हे शंभो ! मुझको अपने चरणकमलों में स्थान दीजिये।

### श्लोक [ २ ] :-

श्री वासुकीनाथ की पूजा शेष है (मुझ अधम को अभी तक वह पुण्य-अवसर प्राप्त नहीं हुआ है)। अतएव उन महादेव का पूजन करने हेतु आपको [श्रीवैद्यनाथ] ही गुरु मानकर आपका यह अल्पज्ञ शिष्य, आज्ञा, अनुग्रह तथा कृपा प्राप्त करना चाहता है।

### श्लोक [ ३ ] :-

(हे महादेव ! आपके प्रति अज्ञानतावश हुए) अपराध के बोधों से मैं वर्षों से पश्चाताप की अग्नि में जल रहा हूँ और अब मेरी प्रदोषपूर्ण स्थिति के कारण वासना आदि सब मुझे दिन-रात घेरते हैं।

## श्लोक [ ४ ] :-

न विचार-शृंखला को, न वाणी को, न कर्म को न देह को, न मन को, न बुद्धि को और न आत्मा को तुम्हारी कृपा प्राप्त हो सकी है। सब पतित, भ्रष्ट और अभागे हैं।

## श्लोक [ ५ ] :-

मेरे शरीर पर चंदन का लेप भी अग्निवत् प्रतीत होता है और जल की धारा भी जैसे शरीर पर विद्युत-आघात करती है। औषधियों के देवता सोम (चंद्रमा) तथा गंगा दोनों को अपने मस्तक पर धारण करने वाले हे महादेव ! क्या मैं किसी भी तरह आपके स्नेह का पात्र नहीं !

## श्लोक [ ६ ] :-

हे परमस्वामी ! हे देवाधिदेव ! हे पार्वतीपति ! तुम मुझपर कृपा करो ! हे रतिनाथ-स्वामी (कामदेव के देव) ! मैं भक्ति का अभिलाषी हूँ और तुम्हारा दास बनने को आशान्वित् हूँ।

# श्रीहरि-वन्दना

भक्तिभावेन रुद्धास्ति विचारवाण्योः शृङ्खला।
वर्धितुं तद्प्रवाहं हे हरि! वाञ्छामि तव कृपा॥१॥

कर्त्तारं चेतनायाश्च चेतनायां समाहितम्।
मूढोदुष्करं कार्यं करोम्यहं तव गवेषणाम्॥२॥

तव आज्ञां विना गतिं लभेन्मे लेखनी कथम्।
सुरतः प्रस्फुटितं वचनं देहि मे वचनामृतम्॥३॥

राधावल्लभं गोपालं नागरी-नागरौ कृतम्।
मद्करतः विस्तारार्थं नमामि गिरिधारिणम्॥४॥

परमसत्स्वरूपं न किञ्चिद्द्विरूपम्।
सृजन-अर्थ-यूपं विपुलव्यालकूपम्॥५॥

तिलेतैलरूपं समग्रेषुस्यूतम् ।

मनोज्ञस्वरूपं भजामि भजामि ॥६॥

जगत्प्रसूतं तं हृदि संस्थितं तम् ।

चिदानन्दितं तं जरावर्जितं तम् ॥७॥

प्रियापूजितं तं श्रियासेवितं तम् ।

स्वयंबोधितं तं नमामि नमामि ॥८॥

करे चक्रधरणं घनं मेघवर्णम् ।

समस्तापहरणम् अहं यामि शरणम् ॥९॥

कमलपत्रनयनं मणिच्च्वन्द्रचयनम् ।

समस्ताङ्गमयनं भजामि भजामि ॥१०॥

मतिं कर्षितं तं स्वतः हर्षितं तम् ।

अनन्तार्चितं तं तपेनार्जितं तम् ॥११॥

दशादर्शकं तं कृपावर्षकं तम् ।
महाकर्षकं तं नमामि नमामि ॥१२॥

मृदुहासहसितं चिदुल्लासलसितं ।
मधुरभाषकथितं सदाकाशवसितम् ॥१३॥

हरत्शीघ्रकष्टं त्वरितभक्तिपुष्टं ।
वदच्चारुसत्वं शुभद्भावतुष्टम् ॥१४॥

करुणभावदेहं दयाऽम्रचरणम् ।
चिरंपीतधरणं चरमशोकहरणम् ॥१५॥

अनादिमनन्तमजन्मामहन्तम् ।
न मन्त्रं परं तं भजामि भजामि॥१६॥

# श्रीहरि-वन्दना: हिंदी-भावार्थ

## श्लोक [ १ ] :-

हे हरि ! तुम्हारे प्रति भक्ति-भाव की गहरी अनुभूति से गला-भर आया है और मेरे विचारों और वाणी की शृंखला अवरुद्ध हो जाने से मैं तुम्हारा भजन भी नहीं कर पा रहा हूँ। अतः हे हरि ! इस शृंखला को निरन्तर आगे बढ़ाने के लिए मैं आपकी कृपा चाहता हूँ।

## श्लोक [ २ ] :-

जो चेतना का निर्माण करते हैं और चेतना में समाहित भी हैं, तुम वही 'चेतना के निमित्त-उपादान कारण' हो। मैं मूढ़ (मूर्ख) तुम्हारी खोज का अत्यंत कठिन-कार्य कर रहा हूँ।

## श्लोक [ ३ ] :-

हे हरि ! तुम्हारी आज्ञा के बिना मेरी लेखनी गति कैसे पाए (तुम्हारा वर्णन कैसे करे) ! अतएव हे भगवन् ! तुम अपनी अमृतवाणी से प्रस्फुटित शब्द देकर मेरी लेखनी को समर्थ बनाओ।

## श्लोक [ ४ ] :-

अपने हाथों से नागरी (श्रीराधारानी) और नागर (श्रीकृष्ण) के लिए भक्ति-गीत लिखने के लिए मैं श्रीराधावल्लभ को, गोवंश-पालक, गोवर्द्धन-गिरिराज को अपनी कनिष्ठा-अंगुली पे धारण करने वाले गिरिधर-गोपाल को नमन करता हूँ।

## श्लोक [ ५ ] :-

जो परमसत्-स्वरूप हैं, जो किसी भी विद्रूपता से रहित हैं, जो दुष्टों के लिए कालरूपी-विष के भण्डार भी हैं और सृष्टि के निर्माता यज्ञ-स्वरूप भी हैं, उन भगवान् विष्णु को मैं नमन करता हूँ।

## श्लोक [ ६ ] :-

जो तिल में तेल की तरह सभी जीवों में चेतना-रूप में समाहित हैं और सभी के चित्त को जानने वाले हैं, ऐसे श्रीहरि को मैं बारंबार भजता हूँ।

## श्लोक [ ७ ] :-

जो हृदय में करुणा-स्वरूप प्रतिष्ठित हैं, जो जगत् के कण-कण में फैले हुए हैं, जो जरा आदि दोषों से रहित हैं और सत्-चित्-आनंद-स्वरूप हैं, उन भगवान् मुरारी को मैं प्रणाम करता हूँ।

## श्लोक [ ८ ] :-

जो अपनी कान्ता लक्ष्मी द्वारा नित्य पूजित हैं, श्री द्वारा नित्य सेवित हैं और स्वयं बोधगम्य हैं, उन शेषशायी भगवान् विष्णु को मैं नमन करता हूँ।

## श्लोक [ ९ ] :-

घने मेघ जैसे रंग वाले, हाथ में चक्र धारण करने वाले और सभी क्लेशों को हरने वाले भगवान् श्रीहरि की शरण में मैं जाता हूँ।

## श्लोक [ १० ] :-

कमलपत्र-से सुंदर नेत्र वाले, चन्द्रमणि-सी शीतल कांति वाले, जगत्-रूपी दृश्य अंगों में गति-स्वरूप स्थित, चतुर्भुज भगवान् विष्णु को मैं निरंतर भजता हूँ।

## श्लोक [ ११ ] :-

मति को (अपनी ओर) खींचने वाले, स्वतः आनंद-स्वरूप, तपस्या से प्राप्त होने वाले और तपस्वियों द्वारा निरंतर पूजित, श्रीहरि को मैं प्रणाम करता हूँ।

## श्लोक [ १२ ] :-

सबकी दशा देखने वाले, सभी पर कृपा बरसाने वाले उन महान् आकर्षक श्रीपति को मैं पुनः पुनः नमन करता हूँ।

## श्लोक [ १३ ] :-

प्रत्येक स्थान पर विद्यमान, परमशुभ-प्रिय-वाणी बोलने वाले, अत्यंत मनोहर हँसी वाले, शाश्वत् आनंद-उल्लास युक्त लक्ष्मीधर को मैं प्रणाम करता हूँ।

## श्लोक [ १४ ] :-

भक्ति को तुरंत पुष्ट करने वाले, कष्टों को शीघ्र हरने वाले, सुंदर-सत्-ज्ञान प्रदान करने वाले, लोभ आदि विकारों से मुक्त और पवित्र-भाव-मात्र से संतुष्ट होने वाले, भगवान् लक्ष्मीश का मैं नित्य स्मरण करता हूँ।

## श्लोक [ १५ ] :-

करुणभाव ही जिनका शरीर है, जिनके चरण, दया के भंडार हैं, चरम पीड़ा को हरने वाले, उन पीतांबर श्रीविष्णु को मैं नमन करता हूँ।

## श्लोक [ १६ ] :-

मेरे पास पूजा करने के लिए कोई मंत्र नहीं तदापि, जिनका न तो कोई प्रारंभ है और न अन्त तथा जो जन्म और मृत्यु के चक्र से मुक्त हैं, उन श्रीहरि विष्णुदेव को मैं बारम्बार नमन करता हूँ।

# श्रीकृष्णार्चनम्

वन्दे वेणुवदनममृतवर्षकम्।
वन्दे कुब्जविहरितं भ्रमरनादयुक्तम् ॥१॥

वनकुसुमपरागपदार्पितम्।
वन्दे कालिन्दीतटे गोवंशचारकम् ॥२॥

गोरजगोरोचनाभ्यां सज्जितम्।
वन्दे मौलश्रीतले युगलरागलसितम् ॥३॥

वन्दे कंसमर्दकं कृष्णं कृपाकारकम्।
कर्मणि कृतनिष्ठं स्वं कर्ममार्गोद्घाटकम् ॥४॥

वन्दे मधुकरं मुकुन्दं मधुहासितम्।
महामायाविलसितं महारासव्यस्तम् ॥५॥

प्रमार्थम्

# श्रीकृष्णार्चनम्ः हिंदी-भावार्थ

## श्लोक [ १ ] :-

कुंज में विहार करते हुए 'गुंजन करते भ्रमर' जैसे प्रतीत हो रहे, श्रीराधारानी के साथ बाँसुरी बजाते हुए अमृतवर्षा-सी कर रहे श्रीकृष्ण की मैं वंदना करता हूँ।

## श्लोक [ २ ] :-

कुंज में भ्रमण करते हुए वन-पुष्पों पर चलने से पुष्पों के परागकण जिनके चरणों की शोभा बढ़ा रहे हों, यमुना-तट पर गो-वंश को चराने वाले, उन भगवान् श्रीकृष्ण की मैं वंदना करता हूँ।

## श्लोक [ ३ ] :-

जिनकी ललाट पर गोबर का तिलक और शरीर पर गो-चरणों की धूल शोभायमान् है, मौलश्री के वृक्ष के नीचे बाँसुरी से प्रेम का युगल-राग छेड़कर आलाप करते, उन श्रीराधा-कृष्ण की मैं वंदना करता हूँ।

## श्लोक [ ४ ] :-

अधर्मी कंस को मारने वाले, कर्म में ही आत्मनिष्ठ तथा कर्ममार्ग का उपदेश देने वाले, कृपादायक भगवान् श्रीकृष्ण की मैं वंदना करता हूँ।

## श्लोक [ ५ ] :-

जिनकी हँसी भौंरे के मधुर-गुंजन जैसी मादक है, जो महालक्ष्मी के साथ विलासयुक्त हैं और श्रीराधारानी के साथ नित्य महारास में व्यस्त हैं, उन भगवान् बालमुकुंद, श्रीकृष्ण की मैं वंदना करता हूँ।

## श्रीराधावल्लभ-स्तुतिः

सर्वलोकेषु कालेष्वन्वितावेकविग्रहे ।
प्रेमयुग्मितावुभयौ परमात्मानौ नमाम्यहम् ॥१॥

शिवान्तरे करुणारूपे स्थितं प्रेमतत्त्वं तम् ।
भजामि सच्चिदानन्दं राधावल्लभं सर्वदा ॥२॥

आत्मसाक्षात्काराय ध्यानेन योगेन च ।
भक्ति-मुक्ति-निमित्ताय राधावल्लभाय स्वधा ॥३॥

सेव्यं वन्दनीयञ्च प्रार्थनीयमष्टयामैव ।
विशुद्धं प्रेमसत्त्वं तं राधावल्लभं नमाम्यहम् ॥४॥

वितरणायामृतं लोके साधूनां कल्याणाय।
धारितं मोहिनीरूपं राधावल्लभं भजाम्यहम्॥५॥

प्रमार्थम्

# श्रीराधावल्लभ-स्तुतिः हिंदी-भावार्थ

## श्लोक [ १ ] :-

सम्पूर्ण चराचर जगत् में कालातीत सत्ता-स्वरूप मूर्तिमान् , प्रेमयुगल-परमात्मा, श्रीराधावल्लभ को मैं नमस्कार करता हूँ।

## श्लोक [ २ ] :-

भगवान् शिव के हृदय में करुणा-रूप में स्थित साक्षात् प्रेमतत्त्व - सत्-चित्-आनंद-स्वरूप - श्रीराधावल्लभ को मैं सदैव भजता हूँ।

## श्लोक [ ३ ] :-

ध्यान और योग द्वारा आत्म-साक्षात्कार के लिए तथा भगवद्-भक्ति एवं मुक्ति की प्राप्ति के निमित्त श्रीराधावल्लभ को सर्वदा नमस्कार है।

## श्लोक [ ४ ] :-

आठों याम प्रार्थना के योग्य, भक्ति-भाव से सेवनीय, तथा परमवंदनीय, उन विशुद्ध प्रेम के स्वरूप श्रीराधावल्लभ को मैं नमस्कार करता हूँ।

## श्लोक [ ५ ] :-

अमृत का वितरण करने को और जगत् में सज्जनों के कल्याण के लिए जिन्होंने मोहिनी-रूप धारण किया, उन श्रीराधावल्लभ भगवान् को मैं सर्वदा भजता हूँ।

# प्रथम-प्रणति

श्रीराधा के चरणों में बारंबार प्रणाम।
मातु ! उपस्थित पुत्र तेरा, करता है गुणगान ॥१॥

जिन श्रीचरणों की सेवा, करें स्वयं गोपाल।
ऐसे धाम-परमपद चाहूँ करना मैं विश्राम ॥२॥

करुणा की मूरत तू माता, बड़ा तेरा दरबार।
कोटि-कोटि दर्पण न समाए, तेरा यह शृंगार ॥३॥

कृष्णकृपा भी तेरे वश में, तेरा ही अधिकार।
बरसाणे का शासन चलता, वृन्दावन सरकार ॥४॥

दुःख की धूप में तपा है जीवन, जैसे हो धिक्कार।
तिरस्कार-अपमान सहा सब, करो मेरा उद्धार ॥५॥

रोगी हूँ माया का भोगी, चाहूँ यह उपचार।
भक्ति-भाव की औषध दो माँ! करो एक उपकार ॥६॥

# आत्म-निवेदन

मन भावसिक्त है किंतु प्रभो ! उद्गार नहीं ।
मैं पुष्प तुम्हारे चरणों पर, शृंगार नहीं ॥१॥

चितचोर ! तुम्हारा छल भी, सिर-आँखों मेरे ।
क्यों तुम्हें मेरा पापी मन, है स्वीकार नहीं ॥२॥

चिर-ज्वाला से है दग्ध, मेरी वाणी माधव !
क्या दंड का मेरे जीवन में, परिहार नहीं ॥३॥

ठुकराया जाना, किन कर्मों का है प्रतिफल !
मैं कैसा अपराधी, मेरा उद्धार नहीं !!४!!

ममता की डोरी छूटी, छूटे स्निग्ध वचन ।
परिधि पर अटका, कर सकता प्रतिकार नहीं ॥५॥

श्वास-उच्छवास से, शुष्क हो रहा अंतर्तम।
जीवन में जैसे, प्राणों का संचार नहीं ॥६॥

यह अंतहीन है त्रास, यहाँ हैं भँवर कई।
इस जन्म में तो अब, मेरा बेड़ा-पार नहीं ॥७॥

अब तुम्ही मेरा यह विनय, प्रभो ! स्वीकार करो।
लो शरण मुझे, इस भवसागर से पार करो ॥८॥

# प्रीत की सुधि

चरणधूलि तेरी, सिर पर ले, छोड़ दिया घर-बार।
जीवन-नौका खींच रहे तुम, खींचो भव के पार॥१॥

तेरी लीला के कण-कण में, सागर कई समाए।
तेरी कृपा बूँद-भर बरसे, मन पावन हो जाए॥२॥

मन मेरा प्यासा, रहे उदासा, देखे जगत् निसार।
जग के स्वामी! हरि-परमेश्वर! करो मेरा उद्धार॥३॥

तुम हो दयानिधि! रक्षक सबके, सबके पालनहार।
जग के रचयिता! चिर नवनीता! आया हूँ तेरे द्वार॥४॥

प्रीत की ऐसी सुधि मोहे लागी, तेरे चरण मन लागा।
अँखियाँ सीपी, अँसुअन मोती, प्रेम तेरा है धागा॥५॥

## प्रमार्थम्

नाम जपत नहीं ओठ दुःखावैं, साँस तेरा विश्वास।
का बैकुंठ का कंठ कृपानिधि, सबमें तेरा वास॥६॥

मैं दंभी, कामी, अज्ञानी, कैसे करूँ विचार।
तुम हो अनादि तुम ही अनंता, तुममें नहीं विकार॥७॥

बात हृदय की बोल न पाऊँ, तू शब्दों के पार।
छूकर तार, गीत के मेरे, कर दो प्राण-प्रसार॥८॥

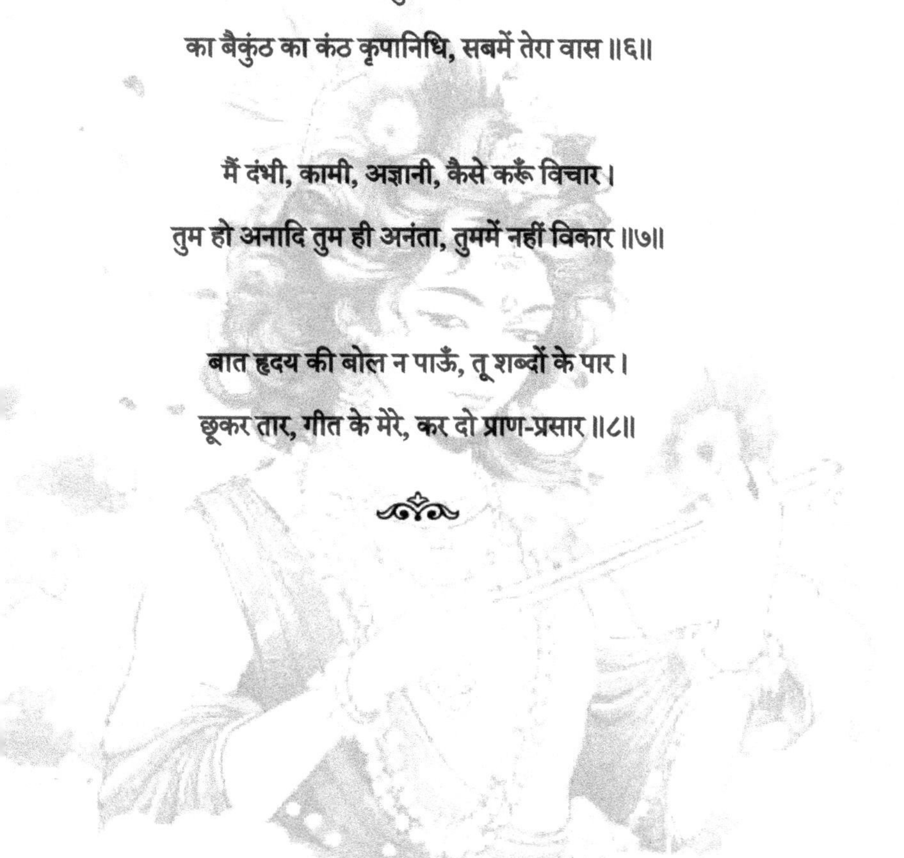

## तेरे दरस को आए

हे कृष्ण ! हे मधुप-मुरारी !
तेरे दरस को आए,
हम तेरी शरण को आए ॥१॥

मन कामी है, तन है पापी।
मुझ-सा कौन नरक का भागी !
कितने धनिक, हीनधन देखे,
कितने संन्यासी बैरागी।
बार-बार तेरे श्रीचरणों के,
सुमिरन को हर्षाए।
हम तेरी शरण को आए ॥२॥

गर्व से ऊँचा शीश उठाकर,
जीता रहा मैं द्वेष ही पाकर।
सूखे मेघ-सा उठकर ऊँचा,

कबहूँ बरस न पाए।

हम तेरी शरण को आए ॥३॥

तुम राधा-संग नित्य बिहारी,

हम तेरे सेवक बनवारी !

छवि तेरी सुंदर हे कान्हा !

कण-कण में हम पाए।

प्रभुजी! तेरे दरस को आए ॥४॥

जीवन लिप्सा और निराशा,

बस तेरे दर्शन की आशा।

हे गिरिधारी ! रास-रचैया !

नाथ! मेरी नैय्या के खेवैय्या !

नाम तेरा मैं सुबह-साँझ लूँ,

फिर भी मन न अघाए।

प्रभो! तेरी शरण को आए ॥५॥

# मोरी बिनती

द्वार तिहारे कन्हैया ! हम आए।
द्वार तिहारे कन्हैया ! हम आए।
सुनत नहीं काहे नाथ ! मोरी बिनती ॥१॥

सुख चाहे मोरा शरीर भटगामी।
मन ललचाए, बनाए खल-कामी।
पीर हरत हो प्रभुजी ! बड़े नामी।
बिपत घिरी है पहार, नहीं गिनती।
सुनत नहीं काहे नाथ ! मोरी बिनती ॥२॥

कैसो जतन से हो पार भवसागर।
भँवर भरे हैं, है छेद म्हारे गागर।
तुम्हरी दया की है आस मोरे नागर !
काहे नाहिं मुक्ति की राह मोरी खुलती।
सुनत नहीं काहे नाथ ! मोरी बिनती ॥३॥

राधा का सोलह शृंगार मोरा सँवरा।
मधु तेरी भगती हिया मोरा भँवरा।
घूमि-घूमि तेरे ही द्वार आए बवरा।
तुम्हरी दया की जो बूँद कभी मिलती।
सुनत नहीं काहे नाथ ! मोरी बिनती ॥४॥

# मेरे खाटू वाले श्याम

मुझको श्याम रिझायो, अपने धाम बुलायो।
प्रेम की मुरली सुनायो, खुशी से मुझे झुमायो॥

अरे नाचत-नाचत हो गया मैं तो, श्याम का दीवाना।
मेरे खाटू वाले श्याम ! अब तो तू ही मेरा ठिकाना॥
मेरे खाटू वाले श्याम ! अब तो तू ही मेरा ठिकाना॥
खाटू-श्याम ! खाटू-श्याम ! रटते जाओ एक ही नाम॥

श्याम तेरा जोगी हूँ मैं तो, तू ही मेरा जोग हुआ।
तेरे दरस न पाऊँ तो फिर, ये कैसा संयोग हुआ॥

सिर भक्ति से झुका हुआ है, श्रीराधा के चरणों में।
हाथ बढ़ाकर ले लो भगवन् ! मुझको अपनी शरणों में॥

जगत् का फेर ये फाँसा, भरम है कहीं है झाँसा।
यही बस एक है आशा, द्वार तेरे नहीं निराशा॥

जापत-जापत नाम मैं काटूँ दुःख का ताना-बाना।
मेरे खाटू वाले श्याम ! अब तो तू ही मेरा ठिकाना॥

मेरे खाटू वाले श्याम ! अब तो तू ही मेरा ठिकाना।
खाटू-श्याम ! खाटू-श्याम ! रटते जाओ एक ही नाम॥

अपनी लीला से रंग डाला, जैसे अपना बरज प्रभो !
सबकी विनती सुनते हो प्रभु ! मेरी भी तो अरज सुनो॥

दाँव-पेंच दुनियावालों के, जिनसे हारा-मारा हूँ।
चरणों में स्थान प्रभु दो, मैं तो भक्त तुम्हारा हूँ॥

पतित मैं तेरा दासा, तेरे दरसन का प्यासा।
पलट दुर्भाग्य का पासा, हरो चहुँ ओर से त्रासा॥

पावत-पावत दरस बनाऊँ, जीवन सरस-सुहाना।
मेरे खाटू वाले श्याम! अब तो तू ही मेरा ठिकाना॥

मेरे खाटू वाले श्याम! अब तो तू ही मेरा ठिकाना।
खाटू-श्याम! खाटू-श्याम! रटते जाओ एक ही नाम॥
खाटू-श्याम! खाटू-श्याम! रटते जाओ एक ही नाम॥

# श्रीकृष्ण बाल-लीला

भाद्र-अष्टमी कृष्णपक्ष को, प्रगट भए प्रभु धर्म-रक्ष को।
जय-जय देवकीनंद ! भजो सब संग, सच्चिदानन्द !!१!!

द्वारपाल सब निद्रा-रस में, कहाँ जगन्नाथ केहि वश में।
खुल गए कारागार के सातों द्वार, कृष्ण अवतार ॥२॥

जा के नाम जगत् से तारैं, भवसागर के पार उतारैं।
वसुदेव लिए गोपाल, माथ पर डाल, चले नंदग्राम ॥३॥

लोकनाथ के पीछे-पीछे, शेषनाग अपना फन खींचे।
चले छत्र फैलाए, यो भगत उपाय, बहुत प्रभु भाए ॥४॥

अवसर देखी जमुना बाढ़ी, पाँव-पखार चरणरज काढ़ी।
सो प्रभु जमुना-धार, किए उपकार, दीन्ह तेहि तार ॥५॥

गोकुल-ग्राम में उत्सव भारी, नंद-भामिनी बनीं मतारी।

पुलकित देख सबै नर-नारी, जो त्रिलोक के पालनहारी।

छोड़-छाड़ बैकुण्ठ, कोटि रवि-पुंज, दया के कुण्ड ॥६॥

ग्वाल-ग्वालिनें जुटे भवन में, झूमैं-नाचैं एकै धनु में।

जय-जय-जय श्रीकृष्ण ! भजो श्रीकृष्ण ! हरे श्रीकृष्ण !!७!!

स्याम-सलोने गात बाल के, मुस्की देखौं नन्दलाल के।

दिखैं दूध के दाँत, जनम के साथ, यो अद्भुत बात !!८!!

केहि बिधि सबकी नज़र उतारैं, बाबा नंद यो लगे विचारैं।

मातु जसोदा काजर टीकैं, नाथ मेघ से तनिक न फीके।

कहाँ चढ़े केहि रंग, स्याम के अंग, करो सत्संग ॥९॥

उधर जसोदा-जनी बालिका, पहुँचीं कंस के दुर्ग अम्बिका।

मारन चाहत पट्क्यो खंभा, छूट हाथ मुस्काईं अम्बा।

अंत को तेरो मूल, गया तू भूल, रहा फल-फूल ॥१०॥

एतना कहके मातु भवानी, जा बैठीं विन्ध्याचल रानी।

आदिशक्ति तू अद्भुत माता, कृष्ण तुम्हारे बन गए भ्राता,

महिमा अमित जगत् विख्याता।

जय विन्ध्याचल माँ ! जय अम्बे माँ ! जय अम्बे माँ !!११!!

जान परत हो गई है देरी, चिंता कंस की बहुत घनेरी,

काल-बाल मारन को ब्याकुल, भेजे कई निसाचर गोकुल।

आए एक-पे-एक, प्रभु को देख, दें घुटने टेक ॥१२॥

चली पूतना जहर पोत के, खोजत भूखे बाल रोत जे।

खोज लियो नंदलाल, नंद के ग्राम, वो गोकुल-धाम ॥१३॥

दूध नाम पर जहर चटायो, लीलाधर फिर दाँत गड़ायो।

रही राक्षसी चीख, जान की भीख, उड़ी सब सीख ॥१४॥

मार पूतना नटवर किलकैं, मामा कंस हाथ-मल किलसै।

समझ्यौ आयो काल, यो छोटो ग्वाल, बड़ो बिकराल ॥१५॥

तब आयो एक असुर भयंकर, तृणावर्त ले रूप बवंडर।
लगा उपारै द्रूम, दंभ में झूम, डरावै घूम ॥१६॥

पेड़ तमाल-कदंब उपारै, गोकुल-ग्राम को लगा उजारै।
तब फिर ठोक्यो ताल, मेरो गोपाल, दुष्ट कौ काल ॥१७॥

मायावी ले गयो उड़ाके, भिड़े धूरि संग बादल कारे।
हुए सभी भयभीत, यो माखनमीत, गिरै मत चीत ॥१८॥

जाको नारद जान न पावैं, असुर कहाँ फिर थाह लगावैं।
कियो जतन पुरजोर, मचायो शोर, नचायो घोर ॥१९॥

गिरधारी फिर भार बढ़ावैं, काया में बह्माण्ड समावैं।
जगत्-चराचर को जो चाबैं, दानव-दंभ-देह को दाबैं।
तृणावर्त निरुपाय, यो छोटो काय ! सहो ना जाय !!२०!!

भूधर जाकर गिरो धरा पर, माधव चढ़कर ताके ऊपर।
खींच लियो फिर प्राण, भेज निज-धाम, कियो कल्याण ॥२१॥

तृणावर्त-बध सह नहीं पायो, वत्सासुर, को कंस पठायो।
धर बछड़ो को रूप सुहाए, कामरूप था घात लगाए ॥२२॥

पूरा जगत् हो जाकी गइया, ओ से ऐसो छल नहीं बढ़िया।
कान्ह लियो पहचान, पकड़कर कान, मंद मुस्कान ॥२३॥

वत्सासुर को समझ में आयो, थोड़ो-थोड़ो जी घबरायो।
यो चरवाहो बाल, न खींचे खाल, गजब यह ग्वाल ॥२४॥

रूप बढ़ा जब मारन दौड़ो, किसन पूँछ तब दियो मरोड़ो।
भेज दियो गोलोक, कंस को शोक, करैं का रोक ॥२५॥

आयो बिकट बकासुर बंका, देवन-हिय उपज्यौ बहु शंका।
माया-चोंच पोच की भारी, कहीं गटक ना जाए बिहारी।
बगुलो बड़ो बिसाल ! गटक गोपाल, डरावै ग्वाल ॥२६॥

अनल-अनिल-बज्रधर-बारी, साथ बिरंचि आए त्रिपुरारी।
भाँति-भाँति सब अस्त्र चलायो, कोई बकासुर जीत न पायो।

हुए देव सब सन्न, कौन-सो अन्न ! यो खावै घन्न !! २७ !!

हार मान देव जब सारे, अपने-अपने लोक सिधारे।

तब कृष्ण दिखावैं ओज, तोड़कर चोंच, हरावैं पोच ॥२८॥

तब मायावी भेज भुजंगा, काया जैने बनी सुरंगा।

मुख को गुफा अघासुर फाड़े, लील गयो ग्वाल जो ठाड़े ॥२९॥

घुसे अघासुर-उदर अनंता, पाए गरल-बिसम भगवंता।

चीर शरीर असुर को मारे, ग्वाल-बाल के भार सँभारे।

माया चकनाचूर, बिपत भरपूर, किए प्रभु दूर ॥३०॥

जाको नाम स्वयं में मंतर, सहचर चेतन किए अनंतर।

भजो रे मनवा कृष्ण ! श्रीराधे-कृष्ण ! पुकारो कृष्ण !!३१!!

एक अकेला पार न पाए, दिवस-रात यह चिंता खाए।

काल निकट यह त्रास सताए, जुगत जुआरी दियो लगाय ॥३२॥

अंतिम समय भई मति मोटी, टुकड़ी सेना की एक छोटी।
बुला दियो आदेश, मोरपंख केश, वो मेरो क्लेश ॥३३॥

गोकुल-ग्वाल-बाल जो ऐसो, मार तेहि यह काज बिसेसो।
चली लिए गज संग, सैण-तरंग, देख सब दंग ॥३४॥

घुसी सैण जब गोकुल-भीतर, माया देखी एक बिचित्तर।
दुविधा में सब पड़े सिपाही, सारे बाल, कृष्ण की छाँही।
माथ धरें मोरपंख, ग्राम के पंथ, करैं हुड़दंग ॥३५॥

कान्हा को पहचान न पावैं, ग्वाल-बाल को मारन लागैं।
भाँति-भाँति के त्रास दिखावैं, कहाँ कृष्ण, यह पता लगावैं।
सहे बहुत सब सूल, किंतु सब भूल, बचावैं मूल ॥३६॥

देखैं ग्राम, दुःखी नर-नारी, समझ कंस की ताकत सारी।
नंद कौ कुल गोकुल को त्यागे, बसे सभी वृंदावन जाके।
तहाँ भेज निसिचर कई भारी, दियो त्रास बहु अत्याचारी।

देख भक्तजन-पीड़ा भारी, हुए बड़े फिर कुपित मुरारी।
'काल बिछायो पाश, कंस कौ नाश, मिटाऊँ त्रास' ॥३७॥

हलधर के संग चले कन्हैय्या, चढ़ी कंस पर शनी की ढैय्या।
राजसभा के बीच, पहुंच जगदीश, ललकारैं नीच ॥३८॥

किए कुकर्म बहुत रे तूने! भले रहें सिंहासन सूने।
तुझ जैसो अघकीच! अधर्मी-नीच! मैं मारूँ खींच ॥३९॥

कंस, काल को भाँप न पायो, कृष्ण अंध-क्रोध भड़कायो।
मद में होकर अंध, भिड़ गयो कंस, बज गयो द्वंद्व ॥४०॥

मुष्टि-प्रहार करैं प्रभु ताके, कंस गिरो भूमि पर जा के।
चढ़ छाती पर कंस को मारैं, प्राण-बिहीन देह कर डारैं।
हुई धर्म की जीत, कृष्ण की सीख, जय मधुराधीश !!४१!!

जमुना-जल में फन फैलाए, नाग कालिया बहुत सताए।
रूप बड़ो बिकराल, ब्याल कौ ताल, जहर कौ ज्वाल ॥४२॥

ताको जल में खूब छकायो, फन पर चढ़कर नाचो-गायो।
चरणचिह्न फन पर धर दीन्हैं, दया-दान प्राण का कीन्हैं।
महिमा बड़ी बिसाल,  मस्त सब ग्वाल, भजो गोपाल !!४३!!

मधवा के मद को पहचानैं, माधव ब्रजजन को समझावैं।
डर की कोई बात, नहीं हे तात ! इंद्र मत जाप !!४४!!

देवराज क्रोधित फिर होयो, वृन्दावन में प्रलय मचायो।
झंझा-बिजुरी-मेघ पठायो,  दिए त्रास जो कहो न जायो।
घिरे मेघ जमदूत, बिजुरिया कूट, रहे सब डूब !!४५!!

हँसत बिहारी-बाँके आए, अँगुरी पे गिरिराज उठाए।
गोवर्धन गिरिधार ! छत्र गिरिराज ! लजे देवराज ॥४६॥

डरैं पुरन्दर थर-थर काँपैं, गलती अपनी आप सुधारैं।
चरण पखारैं इंद्र ! भजैं गोविंद ! बोल गोविंद !!४७!!

छलिया छल से छला न जाए, भक्त बुलावे दौड़ा आए।
जपे जो उसका नाम, हो राधे-श्याम ! बोल घनश्याम !!४८!!

अरे वृंदावन का रास-रचैया, गोपिन का उल्लास कन्हैया।
ओ रे माखनचोर ! ओ माखनचोर ! ओ माखनचोर !!४९!!

छेड़े मुरली-तान सुरीली, दौड़ी आए नार छबीली।
सुनो वही गोपाल ! मेरो गोपाल ! मेरो नंदलाल !!५०!!

रंग-रंगीला छैल-छबीला, सारा जगत् उसी की लीला।
बोलो राधे-कृष्ण ! ओ राधे-कृष्ण ! ओ राधे-कृष्ण !!५१!!

# प्रातश्चर्या

ओ कान्हा ! मोरे नैण बसो दिन-रैण ।

रस की प्यासी कोयलिया बावरी ।

तेरे घुँघरू संग जागे बिचारी ।

सुन झूमैं झंकार-माधुरी ।

का कोयल का मैण ॥

ओ कान्हा ! मोरे नैण बसो दिन-रैण ॥१॥

गईअन को दोहन गए कारे ।

गोप-ग्वाल सब सखा-दुलारे ।

छाँछ-दूध-माखन मतवारे ।

जुटी नंदलाल की सैण ॥

ओ कान्हा ! मोरे नैण बसो दिन-रैण ॥२॥

नाथ चले फिर गइया चरावन।
गोकुल-ग्राम सबै घर आँगन।
अवसर देखि काढ़ि लैं माखन।
झूमत-बाँटत बैण॥
ओ कान्हा ! मोरे नैण बसो दिन-रैण॥३॥

कबहुँ जु हाथ लगैं प्रभु ग्वालन।
मानत नाहिं चोरि कै बातन।
हँसत-कहत सब सखा चुरावन।
मैं नहीं माखन लैण॥
ओ कान्हा ! मोरे नैण बसो दिन-रैण॥४॥

प्रमार्थम्

# दिवसचर्या

जमुना किनारे क्रीडा करत-फिरत श्याम।

खेलत-झूमत सखा-संग नटवर,

लीला करैं अति बाल-मनोहर।

कबहुँ फूल से गेंद बनावैं,

कबहुँ मनोहर मुरली बजावैं,

कबहुँ कदंब की डारि पै चाढ़ैं,

कपि दधिलोक छकावैं-चिढ़ावैं।

गोपिन गुजरत जातीं बजारे,

बंसीबट घट डारे कपारे।

छेड़त ग्वालन कँकरिया मारैं,

रस्ता रोकैं गगरी उतारैं।

करत बिबिध छोरिन संग माया,
माखन माँगत, छीनत छाया।
सब जानैं, नहीं कवनो उपाय,
माखन तबहूँ न देतीं, चिढ़ाएँ।
छेड़तीं हरि को मुँह बिचकाएँ,
मधुसूदन मधु-बतियाँ बनाएँ।


'ए री अहीरन! माखन दे जदि,
थोड़ी-सी छाँछ भी छाकन दे जदि,
दुःख तोरे जीवन के सब हर लूँ,
गगरी तोरी मोतिन से भर दूँ,
दीनन को मैं नाथ कहाऊँ,
सत्य कहूँ! दे माखन खाऊँ!'


तब हँसतीं ब्रज की सब छोरीं,
थोड़ो माखन मुख भर देतीं,
छाँछ लगावत गाल पे थोरीं,
मुसकावत भागैं बिनु देरी।

## प्रमार्थम्

छलियो तू छल खूब छकाय,

देरि न आवन में हो जाए।

फिर तोहे लल्ला माखन देहूँ,

तो से जाने अजब सनेहू।

# सान्ध्यचर्या

लल्ला लुका-छिपी कौ खेल।
लल्ला लुका-छिपी कौ खेल॥

देर बहुत तुम घात लगाए,
साँझ भई नहीं, स्याम लुकाए।
सखा-सखी सब खोजन लागैं,
हेर तुम्हें बस राधा पावैं।
जैसे घन-बिजुरी कौ मेल।
लल्ला लुका-छिपी कौ खेल॥

दिन-भर मुरली रहे बजाय,
हितहरि कौ हिय रहो खिंचाय।
साँझ ढलै अब रास रचाय,
काहे सबको रहे रिझाए!
हम नाहीं कम आँकत तुमको,

मातु जसोदा हाँकत तुमको।
छोरी गोपिन से हठ-खेल।
लल्ला लुका-छिपी कौ खेल ॥

साँझ के भोग को मइया बुलावैं,
लड्डू-माखन-मिसरी रोज पवावैं।
दाल-बाटी-चूरमा से थाल सजावैं,
आज चहैं कछु भिन्न खिलावैं।

लौकी औ तोरी को देखैं जो लल्ला,
भोग से झारन लागैं पल्ला।
लाल टमाटर-से गाल फुला के,
मुँह बिचका के, हाथ डुला के,
कहैं यो भोजन कड़वो करेल।
लल्ला लुका-छिपी कौ खेल ॥

दिन-भर मो से मजूरी करायो,
बासी रोटी दे बंसीबट पठायो।

साँझ परै घर वापस आयो,
फिर हमको यो पात चरायो।
यो सब तात को भोग चढ़ायो,
खीर-पूरी-भुजिया, मोको भायो।

तब मइया तार के डार डुलावैं,
स्यामल गात से स्वेद सुखावैं।
थाम कलइयाँ लल्ला को बिठावैं,
भोजन के गुन-अगुन बतावैं।

लाड-दुलार से मानें कन्हैया,
प्यार से कौर खिलावैं फिर मैय्या।
भोग लगै नित नयो-नवेल।
लल्ला लुका-छिपी कौ खेल॥
लल्ला लुका-छिपी कौ खेल॥

# लल्ला की लोरी

घुटनों को टेकें, कमर मटकावैं,
भरें किलकारी, हृदय पुलकावैं।
चलें जब लल्ला, जसोदा मुस्कावैं,
काजर से टीकें, नज़र को उतारें।
जसोदा मैया, हरि को आँचल सुलावैं ॥१॥

ठुमक-ठुमक हरसावैं कन्हैया,
नंद-मगन मनभावैं कन्हैया।
अपनी ही धुन पे नचावैं कन्हैया,
लीला करत जगत् के खेवैय्या।
बरज में, चहुँदिसि सुख उपजावैं।
जसोदा मैया, हरि को छतियाँ लगावैं।
जसोदा मैया, हरि को आँचल सुलावैं ॥२॥

जग को जो पाले, ताहि को पालैं,

पीछू-पीछू भागैं, मनावैं-खिलावैं।

शेषशायी को पलने झुलावैं,

सुख एहि ब्रह्मा नारद कहाँ पावैं।

जसोदा मैया हरि को लोरी सुनावैं।

जसोदा मैया, हरि को आँचल सुलावैं॥

जसोदा मैया, हरि को आँचल सुलावैं॥३॥

# मइया तेरो लाल

ओ मैय्या ! तेरो लाल, कहे तू सुकुमार,
ओ मैय्या ! तेरो लाल, कहे तू सुकुमार,
वही सुकुमार, चढ़े कदंब की डार,
देखे जमुना में जाके नहातीं सब नार ।
ओ मइया ! तेरो लाल, बड़ो सुकुमार ॥
ओ मैय्या ! तेरो लाल, कहे तू सुकुमार ॥

बीच पनघट कभी राह रोके लल्ला,
पकड़े कलाई कभी थाम लेवे पल्ला ।
थाम लेवे पल्ला, यशोदा तेरो लल्ला,
गोपियाँ बेचारी करें हैं मनुहार।
ओ मैया ! तेरो लाल, बड़ो सुकुमार ॥
ओ मैय्या ! तेरो लाल, कहे तू सुकुमार ॥

चोर-चोर-चोर ! आया माखन का चोर,
सिर पे मुकुट सोटे मुकुट पे मोर।
आती-जाती ग्वालन की मटकी को फोड़।
कभी माखन चुराए, कभी रास रचाए,
बंशी बजा के तीनों लोक रिझाय॥

आया धरती पे मानव का लेके अवतार,
करने धर्म की स्थापना, अधर्म का संहार।
ओ मईया ! तेरो लाल, वैसे तो सुकुमार,
सारे जगत् का लेकिन उसी से विस्तार।
ब्रह्मांड का वो स्वामी, जगत् का पालनहार,
सत्य की संकल्पना, वो प्रेम का आधार।
ओ मैया ! तेरो लाल, कहे तू सुकुमार।
ओ मइया ! तेरो लाल, बड़ो सुकुमार॥

घर ही को माखन नहीं लागे नीको,
आँगन में ऊँचो रखो मैंने छींको।
ऊँचो रखो छींको, बतावै सबहीं को,

गगरी उतारै, जुटावै सब ग्वार।
ओ मईया ! तेरो लाल, बड़ो सुकुमार॥
ओ मैया ! तेरो लाल, कहे तू सुकुमार॥

# कन्हैया कारो-कारो

मन लूट ले गयो कन्हैया कारो-कारो।
मन लूट ले गयो कन्हैया कारो-कारो।
खोजूँ सारी मथुरा, मैं खोजूँ वृंदावन।
रस भगती का, बिलोवे राधा-ग्वालन,
संग मिसरी के, चखत प्रभु माखन।
छाँछ पे नाच नचावत हो, राधा-राधा पुकारो!
मन लूट ले गयो कन्हैया कारो-कारो॥

मुख सोहे मुरली, मुकुट मोरपंखी।
मंद मुस्कावे हरष मेरो अंगी।
नाचत ग्वाल-बाल सब संगी।
ऐसी तान छेड़ मतवारो, लागत न्यारो-न्यारो!!
मन लूट ले गयो कन्हैया कारो-कारो॥

प्रमार्थम्

मूँदि-मूँदि नैनन, रखन चाहूँ भीतर।

प्रभु छवि कुंदन है, मन म्हरो पीतर।

झाँकी में मोको समाय लियो रे !

भगती का चंदन लगाय दियो रे !

पीतर को कुंदन बनाय गयो रे, गोकुल को दुलारो !!

मन लूट ले गयो कन्हैया कारो-कारो ॥

# राधा कौ साँवरो

ओ मैय्या ! मोको राधा छेड़े, " कारो-कारो-साँवरो " !
ओ मैय्या ! मोको राधा छेड़े, " कारो-कारो-साँवरो " !

बरसाणे की धाक जमावैं गोरी-गोरी छोरियाँ,
वृंदावन के चरवाहे ! तू डाल न हम पे डोरियाँ।
नैण नचा के बोलैं, " नंद के लल्ला हो गयो बावरो " !
अरी मैय्या ! मोको राधा छेड़े, " कारो-कारो-साँवरो " !
ओ मैय्या ! मोको राधा छेड़े, " कारो-कारो-साँवरो " !!

तीज-त्योहारे बण-ठण आवैं कैसी सुंदर ग्वालिनें,
भौरों से क्या ब्याह रचेंगी फूलों जैसी मालिनें।
चोखे ताने कसतीं, "कैसो इतनो ढर गयो काजरो " !
सुन मैय्या ! मोको राधा छेड़े, " कारो-कारो-साँवरो " !
ओ मैय्या ! मोको राधा छेड़े, " कारो-कारो-साँवरो " !!

चोटी खींच-खींच मुस्कावैं, " घणो बड़ो घनश्याम जू,

गोरी-गोरी राधा-रानी, यो कृष्ण किस काम कू,

चंदन ऐसो कहाँ मिलै, जो रंग निखारै रावरो  " !

ओ मैय्या ! मोको राधा छेड़े, " कारो-कारो-साँवरो " !

ओ मैय्या ! मोको राधा छेड़े, " कारो-कारो-साँवरो " !!

# ए री सखी

( श्रीकृष्ण 1:- )

ए री सखी ! तोरे बिना जिया नहीं लागे,
ए री सखी ! तोरे बिना जिया नहीं लागे,
जिया नहीं लागे मोरा, तेरे पीछू भागे।
ए री सखी ! तोरे बिना जिया नहीं लागे ॥१॥

मुरली मोरी, तोरी पायल की सहेली,
बात न माने, मो से करे अठखेली,
तेरे पीछू भागे, छेड़े धुन अलबेली।
फूँकते ही बोल पड़े, राधे-राधे-राधे !
ए री सखी ! तोरे बिना जिया नहीं लागे ॥२॥

गोपियाँ-ग्वाल सारे, कस रहे ताने,
कितना मनाए श्याम, राधा नहीं माने।
इत-उत झाँके, ओ राधे-राधे !

जिधर तेरे चरण, पैर उधर मोरे भागैं।
ए री सखी ! तोरे बिना जिया नहीं लागे ॥३॥

( श्रीराधा :- )
छबि छीने मेरी, मुझको छकाए,
कभी मीठी बतियाँ कर, मुझको मनाए।
सच-सच बोल काहे इतना सताए,
सच-सच बोल कान्हा ! काहे सताए।
फिर कहे मोरे बिना जिया नहीं लागे।
" ए री सखी ! तोरे बिना जिया नहीं लागे " ॥४॥

हिय का भेद सजन, तुझको बताएँ,
किशन मनाए, राधा क्यूँ न मान जाए।
तोरी ही मुरलिया पे पायल मोरी बाजे।
ओ रे कान्हा ! तोरे बिन जिया नहीं लागे ॥५॥

# श्यामा-बावरी ( प्रतीक्षा-गीत )

ओ री नागरी सुन ! राधा-बावरी सुन !

रात-भर हैं जागीं सारी,

जमुना की लहरें कारी।

स्याम-सलोनी अँखियाँ,

बरसें हैं खारी-खारी।


काटूँ मैं ऐसे क्षण-क्षण,

जैसे मछुरिया जल-बिन।

नौका विहारूँ कैसे,

कहाँ तेरी पायल रुन-झुन !

ओ री नागरी सुन ! राधा-बावरी सुन !


कुंज की रूठीं कलियाँ,

रस्ता निहारें सखियाँ।

घन से घनी है बिरहा,

प्रमार्थम्

काटू मैं कैसे रतियाँ !

कैसे पुकारे बंशी,

कोई माधुरी धुन ।

ओ री नागरी सुन ! राधा-बावरी सुन !

ठंडे पवन के झोंके,

अँसुअन को कैसे रोकें !

जब-जब निहारूँ चंदा,

मुझको चकोरा टोके ।

"काहे को मन है आधा,

आएगी तेरी राधा ।

चंचल चकोरी चितवन,

झूमेगा तेरा मधुबन" ।

ओ री नागरी सुन ! श्यामा-बावरी सुन !

# प्रीत का धागा (प्रतीक्षा-समाप्ति गीत)

प्रीत का धागा मोरा काँचा नाहीं, साँचा रे !
जिया मोरा बस तोरे दरस का प्यासा रे !!१!!

घन से घनी है मोरे हिय पे जो छाई रे !
बरसेगी कब मो पे बरखा की नाईं रे !!२!!

तोरी हर बूँद मोहे लागे जैसे जीवन हे !
जनमों की प्यासी मैं, थोड़ी तो पीवन दे ॥३॥

मोर जैसे नाचे कभी, कभी हो उदासी रे !
रैन परे हिय मोरे उखरे उसाँसी रे !!४!!

रात ढरे बिरहा मारे, दिन चढ़े ताने रे !
कौने जतन करूँ, काहे नाहीं माने रे !!५!!

चुप-चुप बैठूँ खोई-खोई चलूँ धीरे रे !
पकड़ कलइयाँ तोरी जमुना के तीरे रे !!६!!


प्रीत का धागा मोरा काँचा नाहीं, साँचा रे !
जिया मोरा बस तोरे दरस का प्यासा रे !
प्रीत का धागा मोरा काँचा नाहीं, साँचा रे !!

# तेरी बंसी पुकारे श्याम

तेरी मुरली पुकारे श्याम ! राधा-नाम !

तेरी बंशी पुकारे श्याम ! राधा-नाम !

राधा-नाम ! श्यामा-नाम !

सुन दौड़ पड़े सेवक वृन्दावन-धाम ।

तेरी बंशी पुकारे श्याम ! राधा-नाम !

तेरी मुरली पुकारे श्याम ! राधा-नाम !!१!!


मटकी फोड़ी, माखन खायो,

ग्वाल-बाल को नाच-नचायो ।

अँगुली पे गिरिराज उठायो।

तोड़ा देवों के राजा का अभिमान ।

सब देव पुकारें श्याम ! राधा-नाम !

सुन दौड़ पड़े सेवक वृन्दावन-धाम ॥

तेरी मुरली पुकारे श्याम ! राधा-नाम !!२!!

### प्रमार्थम्

जमुना के जल में नाग हरायो।

निधिबन में तुम रास रचायो।

साग विदुर के घर का खायो।

दर्शन दे, मिटाया अर्जुन का अज्ञान।

सुन दौड़ पड़े सेवक वृन्दावन-धाम।

तेरी मुरली पुकारे श्याम ! राधा-नाम।

तेरी बंशी पुकारे श्याम ! राधा-नाम !!३!!


कारी है जमुना, कारो कन्हैया।

मुझको भी जग से तारो कन्हैया!

दृष्टि कृपा की डारो कन्हैया!

अब सहन न होता तिरस्कार-अपमान!

प्रभो ! दे दो अपने चरणों में स्थान।

राधा-नाम ! राधा-नाम ! श्यामा-नाम ! श्यामा-नाम !!

तेरी बंशी पुकारे श्याम ! राधा-नाम।

तेरी मुरली पुकारे श्याम ! राधा-नाम !!४!!

राधा की आँखों का काजल कृष्ण !

प्रेम की धारा का बादल कृष्ण !

तपता हृदय मेरा सावन कृष्ण !

मधुर-सरस-मनभावन कृष्ण !

व्याकुल हूँ बहुत तुम करो मेरा कल्याण !

राधा-नाम ! राधा-नाम ! श्यामा-नाम ! श्यामा-नाम !

सुन दौड़ पड़े सेवक वृन्दावन-धाम।

तेरी बंशी पुकारे श्याम ! राधा-नाम !

तेरी मुरली पुकारे श्याम ! राधा-नाम !!५!!

## ब्रज में होली

खेलें बरज में होली,
कन्हैया संग नार-अलबेली।
खेलें बरज में होली,
कन्हैया संग नार-अलबेली।

फूलों का मौसम, ऋतुराज की सवारी,
मधु बरसे, पीएँ-झूमें नर-नारी।
न्यारे-न्यारे नारायण, नार न्यारी-न्यारी,
भीगे-भिगोवे श्याम मारे पिचकारी।
प्रेम के फुहार भीगे चोली,
कन्हैया संग नार-अलबेली॥

खेलें बरज में होली,
कन्हैया संग नार-अलबेली॥

श्याम की रंगी हैं सारी गवालन की छोरीं,

कैसे पहचानें, बरसाणे की गोरी !

होरी कौ ढंग लठमार जोरा-जोरी,

धानी चुनर चटकीली,

कन्हैया संग नार-अलबेली ॥

खेलें बरज में होली,

कन्हैया संग नार-अलबेली ॥


डारे गुलाल मुख पे काहे छलिया !

कौन नवेली को खोजें तोरी अँखियाँ ।

मन नाहीं लागे काहे रे मोरे रसिया !

गुझियों से मीठीं बनावै काहे बतियाँ !

हाथ घनश्याम जोरैं बिजली ।

कन्हैया संग नार-अलबेली ॥


खेलें बरज में होली,

कन्हैया संग नार-अलबेली ॥

## प्रमार्थम्

रंग मनमोहन पे किसने चढ़ायो !

कौन घनश्याम-तन काजर घिसायो !

छेड़त करत ठिठोली,

कन्हैया संग नार-अलबेली ।

खेलें बरज में होली,

कन्हैया संग नार-अलबेली ॥

# राधा-कृष्ण-हरि बोल

बोल-बोल-बोल ! राधे-कृष्ण-हरि बोल !

बोल-बोल-बोल ! राधे-कृष्ण-हरि बोल !

मथुरा की माटी का बंदे तिलक लगाकर डोल !

बोल-बोल-बोल ! राधे-कृष्ण-हरि बोल !

पाप के बंधन कट जाएँगे,

दुःख-वुख सारे मिट जाएँगे।

मधु से मीठे मधुसूदन कानों में अमृत घोल !

बोल-बोल-बोल ! राधे-कृष्ण-हरि बोल !

हरे कृष्ण ! रटता जा बंदे,

द्वार मोक्ष के खोल !

बोल-बोल-बोल ! राधे-कृष्ण-हरि बोल !

## प्रमार्थम्

कान्हा की कन्हाई जय-जय !
नंद-यशोदामाई जय-जय !
गोविंदा गोसाई जय-जय !
हलधर तेरो भाई जय-जय !

राधा संग हो नित्य बिहारी !
मुरलीधर ! मधुरेश ! मुरारी !
तेरी बंशी पे बलिहारी,
हम तेरे चाकर बनवारी ।

माथ हमारे, हाथ तू रख दे,
भक्ति-कर्म को साथ में रख दे !
मधु से मीठे मधुसूदन ! कानों में अमृत घोल !
बोल-बोल-बोल ! राधे-कृष्ण-हरि बोल !

# गोविन्द-प्रसंग

नंद के ग्राम के गीत सभी,
सुर-ताल तुझे मनमीत बतावैं ।
जो भी रचैं सब तान तेरी,
तेरी महिमा कौ बखान करावैं ॥१॥

कान्हा, कन्हैया, किशन, नंदलाल,
गोपाल, गवाल, गोविंद, कहावैं ।
नाम अनंत दिगंत परंतु ,
सुनैं सब संत नमंत हो जावैं ॥२॥

छैल कौ छंद छलकावैं सुगंध,
मकरंद-सो मीठो मधुकुंज बघारैं ।
गगरी-धरे सिर स्यामा-दुलारी के,
पायल के पग खींच ही लावैं ॥३॥

प्रमार्थम्

मुरली मनोहर-मुँह मँडरावै,
मन मस्त-मगन मोहित कर जावै।
नाचत मोर हिलोर के पंख,
जगत् के अधीश के शीश सजावैं ॥४॥

गोपिन कौ अंग झूमैं तरंग,
मृदंग के संग जो रंग जमावैं।
रास कौ आस में छोड़ कैलास,
पति-पार्वती ब्रजभूमि पधारैं ॥५॥

स्याम कौ नाम सो काम न दूजो,
न साम, न दाम, भय-भेद मिटावैं।
पार किनार चहैं भवसागर,
कोविंद, गोविंद-प्रसंग उचारैं ॥६॥

# श्यामा-परिहास को

कोटि-कोटि कर प्रणाम कोटिक रविपुंज को।
सोहत जे श्यामा संग वृन्दावन-कुंज को ॥१॥

रूप धरें मोहिनी के दानव-दल-भंज को।
यह प्रसंग नागरी-मृगनयनी के अंज कौ ॥२॥

बतियाँ मीठीं-रसाल, खींचत मन आप ही।
गोपिन रीझैं कमाल, सोहत आलाप ही ॥३॥

ऐसो करतीं शृंगार, श्याम को जैसे कि नार।
पहनावैं कंठहार, होठों पे लाली ॥४॥

चोटी-वोटी बनाय, मुरली को दें लुकाय।
घाघरो उल्टो पिन्हाय, मस्तक पे रोली ॥५॥

बाँह कोई खींच-खींच, मोहन-तन रीझ-रीझ।
माखन मुँह सींच-सींच, जैसे कि होली ॥६॥

छेड़त नैनन नचाय, गाल कोई खींच जाए।
ऐसो कर-कर उपाय, करतीं ठिठोली ॥७॥

सोचत मन बार-बार, छूटें बस एक बार।
कान्हा सब कर बिचार, सूरत कर भोली ॥८॥

आज नगद कल उधार, एहि नीति पलटवार।
जमुना किनार, नार धरतीं जब चोली ॥९॥

नटवर नट विटप बैठ, जमुना-तट तार कै।
जब उतारैं गोपिन, वसन कदंब डार पै ॥१०॥

त्रिभुवन के पालक, बालक लुकाय चीर के।
गोपिन गारी सुनात, भीतर-मन प्रीत रे ॥११॥

छन में छल जाए छवि, छीनत सुध-बुध सबै।
हिय पे चढ़ जाए, रंग-अंग श्याम को जबै॥१२॥

करतीं मनुहार-मान, खीजत फिर ठाण-बाण।
देतीं उल्हाण सुनत नंदराज द्वारो॥१३॥

लल्ला सुकुमार-सो, यो कारो-घण-भीतरो।
पट चुरात गोपिन कै, पूत एही थारो!!१४!!

ऐसो भयो चमत्कार, पलट गईं बात नार।
लागीं पुकारन मल्हार-घणश्याम हो!!१५!!

कान्हा-छवि खोज-खोज, व्याकुल मन रोज-रोज।
प्रगटे घण-ओज, सोज जैसे हो साम को॥१६॥

उपवन-वन-वाटिका, द्रुम-पुष्प-पत्र कुंज के।
झूमत सुन रागिनी, तमाल मूल-चूल के॥१७॥

सेवत सब अमिय-यथा, रूप नंदलाल के।
मदिर-मदिर बूँद झरैं, वेणू गोपाल के ॥१८॥

रीझत राधा, विशाल-नैनन को मूँद कै।
श्यामगात-पीताम्बर, छवि के रस बूँद पै ॥१९॥

हेरत अँगुरी फिरात, वेणी करत गुनगुनात।
जैसे गूँजत प्रभात, मधुकर प्रसून पै ॥२०॥

नौका-विहार साथ, थामे किशोर हाथ।
मंद-मंद मुस्कुरात, राधाऽधर कृष्ण पै ॥२१॥

अंतहीन यह प्रसंग, लीला में मन तुरंग।
मधुकर, मकरन्द पाय गयो जैसे रास कौ ॥२२॥

राधा-कृष्ण नित्य रास, तिन्ह के चरणन में वास।
छोटो-सो यह प्रयास, श्यामा-परिहास को ॥२३॥

www.ingramcontent.com/pod-product-compliance
Lightning Source LLC
LaVergne TN
LVHW061557070526
838199LV00077B/7084
* 9 7 8 9 3 5 6 2 1 7 7 8 2 *